아프리카 쟁탈전

illustration+storia('역사'의 이탈리아어)의 합성어로,
우리와 세계 모든 이들이 함께 이룩한 역사가 일러스트를 만나 태어난, 알기 쉬운 역사 교양 시리즈입니다.

지도를 바꿔 버린 유럽의 식민지 전쟁
아프리카 쟁탈전

illustoria 003

초판 1쇄 발행 2023년 2월 10일
초판 2쇄 발행 2023년 5월 10일

지은이 기획집단 MOIM
그린이 2da
펴낸이 김연희

펴 낸 곳 그림씨
출판등록 2016년 10월 25일(제406-251002016000136호)
주   소 경기도 파주시 광인사길 217(파주출판도시)
전   화 (031)955-7525
팩   스 (031)955-7469
이 메 일 grimmsi@hanmail.net

ISBN 979-11-89231-49-1 03900

지도를 바꿔 버린 유럽의 식민지 전쟁

아프리카 쟁탈전

기획집단 MOIM 글 · 2da 그림

그림씨

시간이 멈춰 버린 아프리카

아프리카의 탄생

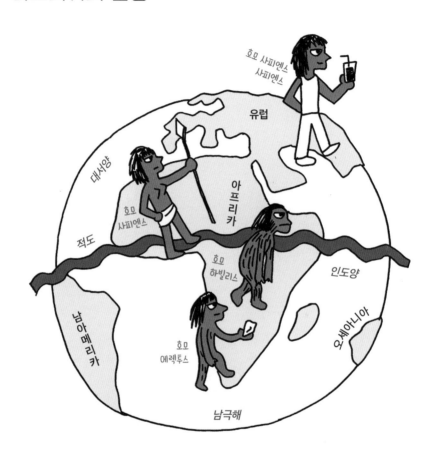

아프리카는 지구상에 있는 6대주 가운데 하나입니다.

면적은 3,037만km²로 전 세계 육지의 약 20%를 차지하며,

아시아에 이어 두 번째로 큰 대륙입니다. 인구 역시 대륙 가운데

두 번째로 많아 13억 명이 넘죠.

잘 알려져 있다시피 아프리카는 초기 인류의 탄생지로

이름이 높습니다.

그렇게 오랜 역사를 품고 있는 지역이지만 오늘날 아프리카는

현대적 문명의 시각에서 가장 낙후된 지역으로 인식되고 있습니다.

거기에는 여러 이유가 있습니다.

아프리카는 몇몇 지역을 빼고는 문자로 기록한 역사가 없어 자신들의

문화를 널리 전하는 데 어려움을 겪습니다.

또 아프리카는 대륙 가운데 유일하게 적도가 중앙부를 관통합니다.

적도 주변은 특별한 경우 말고는 무더위와 그로부터 파생하는 다양한

질병으로 인해 사람이 살기에 적당하지 않죠.

그리고 무엇보다 가장 중요한 이유는 아프리카 대륙이 오랜 기간에 걸쳐

서양의 침략을 받았기 때문입니다.

아프리카 쟁탈전

19세기 후반부터 20세기 초반에 걸쳐 아프리카 지역 대부분은
유럽 각국의 침략을 받아 식민지가 되었습니다.
오늘날 55개국에 이르는 아프리카 대륙에서 식민지 신세를 피한 곳은
오직 두 곳뿐이었습니다. 에티오피아와 라이베리아입니다.
고작 30여 년에 걸쳐 드넓은 땅의 주인이 완전히 바뀐 것입니다.
이를 역사에서는 '아프리카 쟁탈전(Scramble for Africa)', '아프리카 정복
(Conquest of Africa)'이라고 말하며, 또는 점잖게 '아프리카 분할
(Partition of Africa)'이라고도 합니다.

근대에 접어들면서 강력한 무기와 힘을 보유한 강국들은 자신들의
이익을 위해 다른 나라, 다른 민족을 공격하여 파괴하고 정복했습니다.
아프리카뿐 아니라 아시아, 남아메리카 등 세계 곳곳이 제국주의
손아귀에서 고통받고 있었습니다.

17세기까지 세계 최대 강국이었던 청나라도 침략과 정복을 피하지
못했습니다. 거대한 대륙, 인도 역시 끊임없이 침략을 당했습니다.
대한민국도 제국주의의 칼날을 피해 갈 수 없었습니다.
그러나 아프리카에 대한 제국의 침탈은 달랐습니다.

아프리카 대륙의 국경선

아프리카 대륙 지도를 보면 특이한 점이 있습니다.

국경선이 직선인 나라가 적지 않다는 것입니다.

오래전부터 자연스럽게 형성된 국경은 일직선이 될 수 없습니다.

산이나 강 또는 길이나 촌락 등에 따라 국경이 형성되기 때문입니다.

국경선이 일직선이라는 건 자연스럽게 형성된 것이 아니라 인위적인

것임을 말합니다.

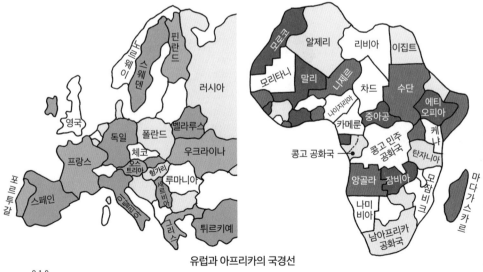

유럽과 아프리카의 국경선

대한민국도 국경선이 직선인 적이 있었습니다.
북위 38도선을 경계로 남한과 북한이 국경을 맞대고
있습니다. 이 선은 광복 후 미국과 소련이 한반도에
진주하면서 인위적으로 그은 것이지요.

1945년-1953년, 당시
남한과 북한 경계선

국경은 아니지만 아프리카 지도와 흡사한 나라가
있습니다. 바로 미국입니다. 연방제 국가이기 때문에
주(州)가 국가 구실을 하기도 합니다. 미국 주들 역시
인디언의 거주지에 들어가 선을 긋거나 거래로 획득한
땅에 선을 그어, 주의 경계선이 된 것입니다.

미국의 주 경계선

역사는 강자의 것?

누군가는 서구 국가들의 아프리카 정복이 아프리카가 약했기 때문에 그럴 수밖에 없었다고 말하기도 합니다.

그러나 수많은 인간을 살육하고, 같은 민족 사이에 총부리를 겨누도록 이간질하며, 수억 년 이어온 자연을 파괴하고, 수만 년 이어온 문화를 말살하며, 다시는 찾을 수 없는 수백의 언어를 지워 버리는 행동을 어쩔 수 없는 일이었다고 인정해야 할까요?

역사는 단순히 과거에 대한 기록만이 아닙니다.

오늘을 사는 우리가 과거를 어떻게 기억하는지에 따라 미래에 대한 전망도 달라질 수 있습니다.

서구 국가들이 어떻게 아프리카를 폭력적으로 나누었는지, 아프리카 쟁탈전 결과 현재의 아프리카가 어떤 영향을 받고 있는지 아는 것은 중요합니다. 일본이 한반도를 비롯해 아시아를 침략한 결과가 오늘날에도 어떤 영향을 끼치고 있는지 알아야 하는 것과 마찬가지로 말이지요.

2부　산산이 부서진 아프리카

3부 아프리카의 미래

1부　　　　　아프리카를 잡아라

전설이 불러 온
아프리카 항해

아프리카 북부와 유럽 남부는 지리적으로 매우 가까워 고대부터 밀접한

관련을 맺고 있었습니다.

중동을 통하면 유럽 동남부와 아프리카의 이집트는 매우 가까웠죠.

그러나 15세기까지는 북아프리카를 제외한 아프리카 땅은 유럽인들에게

미지의 세계였습니다.

특히 사하라 사막에 가로막혀 아프리카 남부는 갈 수 없는 땅이었지요.

이런 가운데 유럽인들 사이에서 이상한 전설이 생겨나기 시작했습니다.

중동과 북아프리카의 이슬람권 너머에 프레스터 존이 다스리는 예수의
나라가 존재한다는 전설이었지요.
유럽은 십자군 전쟁 실패 이후 확장하고 있는 이슬람 세력이 유럽의
기독교 사회를 무너뜨릴 수도 있다는 두려움을 늘 안고 있었습니다.
많은 사람들이 이를 전설로 여겼지만 진짜 이 땅을 찾겠다고 나선 인물이
있었습니다.

포르투갈의 엔히크(Navegador Henrique, 1394-1460) 왕자는 전설 속에

있다는 프레스터 존의 왕국을 찾으려고 했습니다.

그는 아프리카를 돌아 아시아에 이르는 항로를 찾다 보면 프레스터 존의

나라로 가는 길을 찾을 것이라 생각했죠.

포르투갈 정부는 탐험대를 조직해 아프리카 항해를 시작했습니다.

카라벨선을 타고 아프리카 대륙 서남쪽을 향해 갔죠. 그 결과 서아프리카

보자도르곶, 카보베르데 섬, 세네갈강 등에 상륙할 수 있었습니다.

그러나 왕자가 죽을 때까지 어떤 탐험대도 적도 너머, 아프리카 남쪽에는

닿지 못했습니다.

왕자가 죽은 뒤에도 포르투갈에서는 항로를 찾아 나섰으며, 1470년경 오늘날의 기니, 코트디부아르, 베냉 등에 상륙할 수 있었습니다.

유럽인들이 사하라 사막 남부에 처음으로 발을 디딘 것입니다.

그 후로도 포르투갈인들의 항해는 계속 이어졌습니다.

1488년, 바르톨로메우 디아스는 아프리카 최남단 희망봉을 발견하고 귀환했습니다.

1497년 출항한 바스쿠 다가마는 인도까지 항해하고, 1499년에 귀환해 인도 항로를 처음 발견한 인물이 되었습니다. 또한 그는 이 항해로 인해 인도로 가는 항로뿐 아니라 아프리카 동부 해안에도 처음 발을 디딘 유럽인이 되었습니다.

이렇게 해서 포르투갈의 대항해 시대가 막을 올렸습니다.

포르투갈인은 아프리카 북부를 제외한 대부분 해안에 유럽인으로서는

처음 상륙했지만 아프리카 땅은 유럽인들에게 별 인기가 없었습니다.

후추를 비롯해 값비싼 향신료 무역을 중요히 여겨 아프리카 중부,

남부 해안은 인도로 가는 중간 기착지 정도로만 여겼지요.

그보다는 1492년에 발견한 아메리카 대륙이 노다지로 인식되었습니다.

금과 은이 가득했기에 유럽의 관심이 집중된 것은 당연했습니다.

포르투갈 역시 아프리카보다는 바스쿠 다가마가 개척한 인도 항로를 통해

아시아와의 교역에 더욱 힘을 기울였습니다.

유럽인의 발걸음이 닿은 후 그토록 오랫동안(100년도 채 안 되지만) 방치된

땅은 지구상에 없었습니다.

그러나 그런 평화는 오래가지 않았습니다.

아메리카에서 아프리카로!

아메리카 대륙을 발견한 유럽인들은 그 땅이 품고 있는 잠재력을 한눈에
알아보았습니다.
기름진 땅, 따뜻한 기후, 게다가 평화로운 사람들까지.
특히 유럽인들이 처음 발을 디딘 카리브해 일대는 정말 아름답고
자연환경도 아프리카와는 비교할 수 없을 정도였죠.

그러나 아메리카 원주민들은 유럽인들이 누구인지 확인할 겨를도 없이
큰일을 당하고 말았습니다.
수천 년 동안 한 번도 접해 본 적 없는 온갖 세균이 유럽인들과 함께
상륙한 것입니다.
원주민들 몸 안에는 그 세균들에 대한 저항력이나 내성이 전혀
없었습니다. 결국 속수무책으로 쓰러져 나갔습니다.

카리브해 지역은 유럽에서 엄청 비싼 가격으로 팔리는 설탕 원료인
사탕수수를 재배하기에 최적의 조건을 갖춘 곳이었습니다. 유럽인들은
사탕수수를 재배하고 설탕을 만들어 팔아야겠다고 생각했지요.
설탕 산업에는 많은 노동력이 필요합니다.
유럽인들은 처음에는 원주민들을 동원했으나, 얼마 가지 않아 무리한
노동으로 쓰러져 갔고, 전염병으로 죽어 가자 더 이상 아메리카 대륙에서
일할 사람들이 없었습니다.
그때 유럽인들이 떠올린 존재가 있었죠.
바로 아프리카 사람들이었습니다.
그때부터 아프리카는 지옥이 되고 말았습니다.

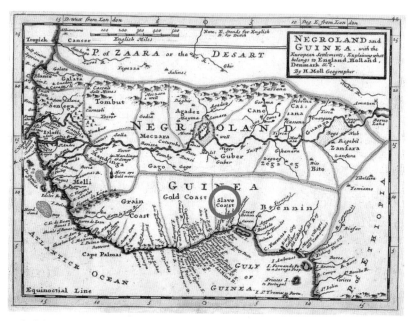

노예 해안(Slave coast) 명칭이 적힌 1729년 아프리카 지도.

아메리카 대륙의 노동력을 구하고자 나선 유럽인들은 서북쪽 아프리카 해안에 들어가 그곳 노예상들로부터 노예를 구입하기 시작했습니다. 노예 숫자가 부족하면 노예상들은 직접 다니며 잡아들이기도 하였습니다. 그렇게 구한 아프리카 노예들은 노예선에 실려 아메리카 대륙으로 끌려 갔죠.

유럽인들에게 노예는 상품이지 사람이 아니었습니다.

그들은 사람을 과일 싣듯이 차곡차곡 실었습니다.

저항하는 자는 팔, 다리를 자르거나 심한 경우에는 머리도 잘라

버렸습니다. 그런 과정을 거쳐 열에 한둘(전체적으로 약 15%)이

배 안에서 목숨을 잃었습니다.

가까스로 살아남은 이들은 아메리카 대륙으로 건너가 죽을 때까지 고된

노동을 견뎌야 했습니다.

낮에는 뜨거운 태양 아래 사탕수수를 베어야 했고, 밤에는 사탕수수즙을

짜내고 끓여 설탕 결정을 만들어야 했죠.

노예선 실내 모습.

노예 제도는 아프리카에 예로부터 있던 제도였습니다.
우리나라에 노비 제도가 있었던 것처럼요.
서양에도 오래전부터 노예 제도가 있었고, 그 후에도 농노* 제도는 일반적이었습니다.

그렇지만 아메리카 대륙의 노예들을 대하듯이 잔인하게 다루지는 않았습니다.

* 봉건제 사회에서 봉건 영주의 지배 아래 놓인 채 생산활동을 담당하던 비자유인.

유럽인들이 아프리카 노예를 싣고 가 아메리카 대륙에 판 것을 가리켜 '삼각 무역'이라고 부릅니다.

유럽인들이 철, 면직물, 무기 등을 들고 아프리카에 가서 상품(노예)과 교환한 다음, 아메리카 대륙에 가서 아프리카 노예를 농장주에게 팔아 설탕, 담배 등 그곳 특산물을 사서 유럽에 판매하는 무역을 말합니다.

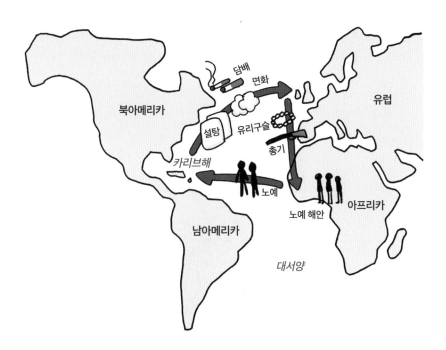

삼각 무역이 시작되자 아프리카에서 나는 다른 상품도 유럽 사람들 눈에 들어오기 시작했습니다.

아프리카코끼리 상아와 아프리카 강에서 나는 사금이었죠. 그다음에는 후추 등 값비싼 곡물도 눈에 들어왔습니다.

처음 노예 해안으로 명명된 서부 아프리카 해안은 시간이 지나면서 상아 해안(Ivory coast), 황금 해안(Gold coast), 곡물 해안(Grain coast)이라는 명칭도 얻었습니다.

지금은 독립국인 코트디부아르는 프랑스어로 '상아 해안'이라는 뜻입니다. 영어권 국가에서는 이 나라를 '아이보리코스트(Ivory Coast)'라고 부르는데, 두 국명 모두 번역하면 '상아 해안'입니다. 나라 이름이 상아 해안이라니 오죽하면 그랬을까요.

프랑스
영국
벨기에
독일
스페인

골!

아프리카에서 실어 간 노예들이 가꾼 아메리카 대륙의 사탕수수 농장은 유럽 상인들에게 엄청난 수익을 안겨 주었지요. 그러나 시간이 지나면서 농장이 늘어나자 수익은 줄어들기 시작했습니다.

한편으로는 산업 혁명으로 대량 생산한 상품을 팔 시장이 필요했고 상품 생산을 위한 원자재 공급이 더 중요해졌습니다. 반면에 사회적으로는 노예 제도에 대한 인식이 악화되고 있었죠.

그러자 유럽인들이 아메리카 대륙에서 아프리카 대륙으로 눈을 돌리기 시작했습니다. 자원의 보고이자 새로운 시장의 가능성으로 아프리카가 떠오른 셈이지요.

아프리카 정복은 그렇게 시작되었습니다.

식민화의 이념, 제국주의는 어떻게 성장했는가?

제국주의는 자국의 경제적 이익을 극대화하기 위한 목적에서 비롯된
것입니다.

그러나 이렇게 시작한 제국주의는 또 다른 시각으로 명분을 쌓아 갔죠.

식민장관을 지낸 영국 정치인 조지프 체임벌린(Joseph Chamberlain, 1836-1914)은 이렇게 말했습니다.

야만적이고 불합리한 아프리카인들을 문명의 세계, 나아가 교육과 합리의 세계로 이끌어야 한다는 사명감이 새로운 명분으로 등장한 것이죠.
과연 영국이 야만과 미신을 제거하고 문명을 보급하기 위해 아프리카 정복에 나선 것일까요?
그렇게 믿는 사람은 체임벌린을 비롯해 몇 사람에 지나지 않을 것입니다.

아프리카 정복의 길,
스탠리

영국 선교사인 데이비드 리빙스턴(David Livingstone, 1813-1873)은
수십 년 동안 아프리카 오지를 탐험한 탐험가이자 노예 무역에 반대한
위대한 인물로 이름이 높습니다.
그리고 끝까지 아프리카 오지를 돌아다니다 그곳에서 숨을 거둔 것으로
신화가 되었죠.
리빙스턴은 분명 선의를 가지고 위험한 지역에 갔을
것입니다. 그런 증거도 많습니다.
하지만 결과적으로 그의 활동으로 인해
아프리카 오지의 많은 지역이
영국 식민지가 되었습니다.

난 굶주리고
미개한 원주민들을
천국으로 이끌어 주려
한 것뿐이라고!

그렇게 침략해서 좋은 성과를 전해 주었다면 다른 문화권에
함부로 진출하는 것이 옳을까요?

오늘날 리빙스턴은 세계뿐 아니라 아프리카 여러 지역에서 추앙받고 있습니다. 그가 노예 제도에 반대했고, 아프리카에 유럽 문명을 전했기 때문이지요. 그렇다고 해도 그가 아프리카인들을 유럽인에 비해 뒤떨어진 인간, 보살펴야 할 인간으로 여긴 것은 사실입니다. 이러한 생각은 식민지 통치를 정당화하려는 영국의 생각과 다르지 않았지요.

그는 탐험 도중 발견한 아프리카 최대 폭포 '모시오야툰야'*를 영국 여왕을 기리기 위해서 '빅토리아 폭포'라고 명명하기도 했습니다.

* 아프리카 현지어로 '천둥 치는 연기'라는 뜻.

1871년, 리빙스턴이 밀림 속에서 고립되어 수년간 아프리카 소식을 전해

오지 않자, 그를 찾아 나선 사람이 있었습니다.

영국 출신 미국 신문 기자였던 헨리 모튼 스탠리(Henry Morton Stanley,

1841-1904)입니다.

스탠리는 《뉴욕 헤럴드》와 리빙스턴에 대한 기사를 쓰기로 계약을 맺고

아프리카로 향했죠.

그해 11월, 리빙스턴을 만난 스탠리는 돌아와 그에 관한 기사를 써서 일약

유명 인사가 되었습니다.

그가 쓴 《나는 어떻게 리빙스턴을 만났는가 *How I Found Livingstone*》라는

책이 베스트셀러에 오르기도 했죠.

스탠리는 새로운 결심을 합니다.

리빙스턴의 뒤를 잇는 탐험가가 되겠어.

I ♡ 리빙스턴

그 후 그는 아프리카 탐험에 나섰고, 콩고강 중류에 위치한

말레보 호수(Pool Malebo)를 발견하자 자신의 이름을 따서

'스탠리 풀(Stanley Pool)'로 바꿔 불렀습니다.

콩고강 하류에서는 서른 개가 넘는 폭포가 끊임없이 이어진 곳을

발견하자, 그에게 영광을 안겨 준 리빙스턴을 기리기 위해

'리빙스턴 폭포(Livingstone Falls)'라고 명명했습니다. 이곳 원주민들은

그 폭포 하나하나에 이름을 가지고 있었는데도 말이죠.

그가 가장 공들여 이름을 붙인 지역은 따로 있었습니다. 그 무렵 다른

강대국들처럼 아프리카에 땅을 갖고 싶었던 벨기에 국왕 레오폴드 2세는

'국제 아프리카 협회'를 설립한 후 스탠리에게 후원을 아끼지 않았습니다.

스탠리는 그를 위해 스탠리 풀 부근에 도시를 건설한 후

'레오폴드빌(Leopoldville)'*이라는 명칭을 붙였습니다. '레오폴드의

마을'이라는 뜻으로 말입니다. 거기에 주변 원주민 추장들을 설득해

레오폴드 2세의 보호령**이 되겠다는 동의를 받아 냅니다.

* 킨샤사로 명칭이 변경됐으며, 현재 콩고 민주 공화국의 수도이다.
** 식민지를 확대할 때에 원주민 우두머리와 협정하여 자국 보호 아래 들게 한 지역.

이로써 오늘날 콩고를 비롯한 주변 지역은 레오폴드 2세의 사유지가

되었습니다. 세계 최고의 땅부자가 탄생하는 순간이었죠. 그러나

이 얼토당토않은 행동을 국제사회가 승인하면서 실제가 되었습니다.

베를린 회의

1884년 11월, 베를린에서 국제회의가 열렸습니다.
벨기에는 콩고강 중류에 레오폴드빌을 건설하여 보호령을 선포했고,
프랑스는 해군 장교 피에르 브라자가 스탠리 풀 인근에 건설한
'브라자빌(Brazzaville)*'을 중심으로 보호령을
선포했습니다.
또 포르투갈은 콩고 왕국과 협정을 맺고
이 지역 영유권을 주장했으며, 영국은
포르투갈과 협약을 맺어 포르투갈의
영유권**을 인정하고 교역권을 획득했지요.
벨기에, 프랑스, 포르투갈, 영국이 아프리카

*　현재 콩고 공화국 수도.
**　국가가 일정한 영역에 대해 가지고 있는 주권 또는 관할권.

콩고강 지역의 권리를 앞다투어 주장하자 이를 조정하기 위한 회의를

열게 되었죠. 이 회의에는 네 나라뿐만 아니라 독일, 스페인, 이탈리아 등

유럽 다른 나라들도 참석했습니다.

콩고인들을 비롯해 이 지역에서 뿌리내리고 살아가던 이들은 이런 회의가

열리는 것을 까맣게 모르고 있었습니다.

아니, 그들은 영유권이니 보호령이니, 식민지니 하는

단어 뜻도 제대로 몰랐죠.

유럽 국가들은 100여 일에 걸친 회의 끝에

'실효 지배 원칙', 즉 그 땅을

먼저 점령하고 있는 자에게

소유권이 있다는 원칙과 함께 '콩고 분지 조약'을

맺었습니다.

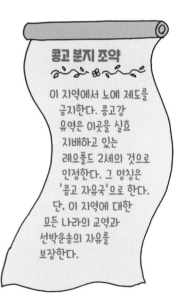

콩고 분지 조약

이 지역에서 노예 제도를
금지한다. 콩고강
유역은 이곳을 실효
지배하고 있는
레오폴드 2세의 것으로
인정한다. 그 명칭은
'콩고 자유국'으로 한다.
단, 이 지역에 대한
모든 나라의 교역과
선박운송의 자유를
보장한다.

베를린 회의를 그린 시사만평. 아프리카를 놓고 유럽 열강이 제멋대로 분할하는
모습을 풍자했다.

이때 결정된 내용은 그 후 오랫동안, 아니 오늘날에도 이 지역 안정을
해치고 있습니다. 그만큼 외부 세력이 자신들의 이익을 위해 남긴 흔적은
그곳에서 살아가는 이들에게는 재앙과 같은 일이었습니다.

국제 사회의 승인을 받은 벨기에 레오폴드 2세는 콩고 자유국을 건설해,
당당히 주인이 되었습니다. 그때부터 노예 제도가 사라진 이 지역에
그보다 더한 고통이 시작되었습니다.

개인 식민지, 콩고 자유국

그 무렵 세계는 고무 열풍이 불고 있었습니다.

아프리카 고무에 대한 수요는 폭발적으로

증가했죠.

당시 콩고는 국토 절반을 고무나무가

차지하고 있었는데 레오폴드 2세는

이곳 관리자들에게

이런 명령을

내렸습니다.

고무 수확량이
줄어선 안 돼.

내 사전에
노동자 학대는
없다!

좋은 생각!
수확량을 못
채우면 학대하지
말고 손을 잘라
버리는 거야.

그렇게 해서 이 지역에서는 상상할 수 없는 일이 자행되기 시작했습니다.

역사는 이 지역에서 학살된 원주민 숫자가 천만 명에 달할 거라고 합니다.

당시 콩고 인구의 절반에 해당합니다.

고무 수확 노동을 거부하는 마을을 몰살시키는가 하면

수확량을 채우지 못해 손목이 잘린 주민의 수는 셀 수도 없었죠.

노예 제도를 금지하는 인도주의를 내세운 유럽인들이 아프리카에서

잔혹한 만행을 저지른 것입니다.

2부

산산이 부서진 아프리카

왜, 쉽게 정복당했을까?

콩고 자유국 사례에서 볼 수 있듯이 아프리카 땅은 너무 쉽게 유럽 여러 나라의 식민지가 되어 갔습니다.

아무리 문명으로부터 비껴가 있는 지역이라고 해도 자신들의 운명을 너무 쉽게 남의 손에 맡겨 버린 것입니다.

왜 그런 일이 일어날 수 있었을까요?

우선 아프리카 원주민의 특징을 들 수 있습니다.

아프리카는 수많은 부족으로 구성되어 있습니다. 나라나 민족보다는 부족이라는 개념이 일반적이었죠.

그래서 유럽인들은 나라라는 체계적인 조직이 아니라, 한 사람 또는 여러 추장이 이끄는 부족을 상대하면 되었습니다. 이 둘은 처음부터 협상의 상대가 될 수 없었습니다. 추장이나 족장은 권위를 인정받고 선물을 받으면 수천 년 전부터 그래 왔듯 약속을 쉽게 했죠. 그 약속의 참된 의미도 모르면서요.

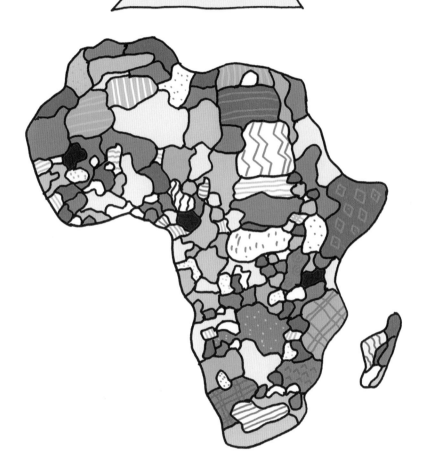

아프리카 부족 지도

원주민들에게는 문자도 없고 법체계도 없으며, 행정 조직도 없었습니다.
태어나서 단 한 번도 본 적 없고, 겪은 적 없는 경험, 이를테면 보호령이
되겠다는 서류에 서명을 하고, 땅에 대한 권리를 양도한다는 것이 어떤
결과를 초래할지 짐작도 못 했던 것이지요.

그리고 아프리카 해안 지방의 특성도 들 수 있습니다.
해안은 많으나 큰 배를 띄울 만큼 깊은 바다와 천혜의 항구가 별로
없었습니다. 그러다 보니 아프리카는 오래전부터 외부 세계와의 교류가
어려웠고, 자급자족의 경제생활을 해 왔지요.

풍토병도 다양한 활동에 방해가 되었습니다.

아프리카 대륙은 적도가 중심을 관통합니다. 그러다 보니

덥고 습한 기후 지대가 넓게 퍼져 있습니다.

그런 기후를 좋아하는 다양한 곤충이 서식해 사람이나 짐승이 살기에

적당하지 않았습니다. 이동 수단이 될 수 있는 소나 말 같은 가축 사육도

쉽지 않았고 수면병에 걸리기도 하였죠.

오늘날에도 아프리카 대륙에서는 말을 찾아보기가 어렵습니다.

---

*   현재 가봉 공화국.

** 체체파리에 의해 전염되는 질병으로 물리면 두통·부기를 일으키며 수면 상태에 빠지고
   마침내 혼수상태가 되어 사망하게 된다.

마지막으로 무력의 차이를 들 수 있습니다.

아프리카에 총이 처음 등장한 것은 18세기 후반, 해안가에서였고

19세기 후반이 되어서야 아프리카 내륙 곳곳에 총이 등장했습니다.

유럽인들이 아프리카에 들어오면서 총을 소개하였는데, 아프리카인들에게

총은 낯선 것이었고 무기라기보다는 권위의 상징이었죠.

당연히 총을 휴대한 군대도 없었고, 총을 제대로 사용하는 병사도

찾아보기 어려웠습니다.

1885년에 미국 출신 영국인 하이럼 맥심(Hiram S. Maxim, 1840-1916)이
발명한 맥심 기관총은 분당 최대 650발을 쏠 수 있었습니다.
맥심 기관총을 처음 실전에 배치한 것은 독일 제국인데, 동아프리카
아부시리 반란 진압을 위해서였죠. 1893년, 남아프리카 짐바브웨에서는
50명의 영국 병사가 맥심 기관총 4대로 5천 명의 원주민을 제압했습니다.

쟁탈전이 시작되다

미숙한 국가 체제, 근대 행정 체계에 대한 인식 부족, 무기의 열세,
아프리카에 잠재한 엄청난 가치의 자원까지. 이렇듯 아프리카는 유럽인들
손에 넘어가기에 완벽한 조건이 구비된 셈이었습니다.

그렇다면 해야 할 일은 간단했습니다.
주인 없는 아프리카에 들어가 누구보다 먼저 실제로 점령하는 것이었지요.
베를린 회의를 계기로 유럽의 아프리카 정복은 더욱 가속화되면서
쟁탈전이 벌어지기 시작하였습니다.

유럽은 아프리카를 정복하기로 했을 때, 인도나 중국을 상대할 때와
달리 가장 단순한 방식을 채택하였습니다. 너무 약했고, 다루기 힘들게
조직되어 있지도 않았으니까요.

물론 모든 나라에 똑같은 방식이 적용될 수는 없었죠.

지역도 다르고 환경도 다르며, 역사도 다르고, 자원 유무도 달랐으니까요.

또 하나 기억해야 할 일이 있습니다.

아프리카에는 우리가 생각하는 '나라'라는 개념이 별로 없었다는

점입니다. 그러니 나라를 빼앗긴 경우는 거의 없습니다.

그냥 살던 땅을 빼앗긴 것입니다.

끝까지 독립국가

아프리카 쟁탈전이 벌어질 무렵
유럽 식민지 굴레에서 벗어나 있던 두 나라가 있습니다.
에티오피아와 라이베리아가 그곳입니다.

우리가 생각하는 '나라'가 존재한 지역은 북부 아프리카 일부에
불과했습니다. 이집트, 에티오피아, 리비아, 모로코, 튀니지, 수단
등이 독자적으로 혹은 오스만 제국의 지배를 받으며 나라 또는 공통된
지역으로서의 정체성을 가지고 있었죠.
그 가운데 에티오피아는 고대부터 오늘날까지 수십 년을 제외하고는
독립 국가를 유지해 왔습니다.
이는 세계에서도 드문 일입니다. 그만큼 에티오피아의 문명이 단단하며,
국력이 강하다는 것을 반증하죠.

그렇다면 라이베리아는 어떻게 독립국가를 유지할 수 있었을까요?

그것도 식민지 쟁탈이 가장 앞서 벌어진 서부 아프리카에서 말입니다.

1817년, 미국에서는 미국식민협회를 설립하였습니다.

미국 땅에서 해방된 노예와 자유민이 된 흑인들을

다시 아프리카로 보내는 것을 목적으로 한 단체였습니다.

이들은 1821년, 그 지역 추장들과 협상 끝에 아프리카 서해안에 넓은 땅을
확보했습니다.
그리고 1822년, 미국의 해방 노예와 자유 흑인들을 이주시켜
라이베리아*를 건국하도록 도왔습니다. 처음에 라이베리아는
미국의 식민지였고 1847년에 독립을 선언하였습니다.
독립 후 프랑스와 영국이 호시탐탐 노렸으나, 그때마다
미국의 보호를 받아 끝까지 독립을 유지할 수 있었죠.

* '자유의 나라'라는 뜻.

미국이 라이베리아를 만들기 전, 이미 영국에서는 해방 노예를 아프리카

시에라리온으로 이주시키고 있었습니다.

시에라리온은 라이베리아 이웃에 있는 나라입니다.

당시 영국은 북아메리카에서 건너온

해방 노예와 런던의 매춘부 처리에

골머리를 앓다가 아프리카 땅으로

보내기로 결정한 것입니다.

1787년, 351명의 해방 노예와 60명의 런던 매춘부들을 시작으로 이주는

지속되었고, 그들 거주지 이름을 '프리타운(Free Town)'이라고 불렀습니다.

'자유 도시'라는 뜻이지요. 그 후 시에라리온은 영국 보호령이 되었다가

1961년, 독립하였습니다.

아프리카의 반을 차지한 영국, 프랑스

아프리카 쟁탈전에 뛰어들어 일정한 땅을 획득한 나라는
영국, 프랑스, 독일, 포르투갈, 이탈리아,
스페인, 벨기에 등입니다.
그 가운데서도 영국과 프랑스가
가장 넓은 땅을 차지했죠.
역사는 이를 가리켜 영국의
3C 정책*과 프랑스의
아프리카 횡단 정책이 맞붙은
결과라고 합니다.

> 세계는 이렇게 연결되어야 해!

➡ 영국 진출 방향
➡ 프랑스 진출 방향

모로코 · 알제리
튀니지 · 카이로
프랑스령 아프리카
이집트
나이지리아

> 우리도 질 수 없다!

프랑스령 콩고
영국령 아프리카
마다가스카르
케이프타운

* 카이로(Cairo), 케이프타운(Cape Town),
  인도 캘커타(Calcutta)를 잇는 식민지를
  건설하고자 했으며, 이 도시들의 앞글자를
  따서 '3C 정책'이라고 부른다. 캘커타는
  2001년 콜카타(Kolkata)로 개명했다.

영국과 프랑스는 아프리카뿐 아니라 전 세계 식민지를 지배하는 방식에

차이가 있었습니다.

프랑스는 식민지에 대해 동화 정책을 펼쳤습니다.

동화 정책은 식민지 주민들을

본국 시민과 동등하게

대우하는 것입니다.

겉으로 보면 바람직한 정책으로 보입니다.

그러나 이런 정책을 펼치기 위해서는 조건이 있었습니다.

오직 프랑스어만 사용해야 했지요.

아프리카 사람들이 프랑스어를 사용하기 위해서는 교육이 필수적입니다.

하지만 드넓은 식민지에 교육 제도를 일시에 도입하는 것은 불가능했죠.

당연히 프랑스어를 구사하는 시민과 그렇지 못한 시민 사이에 차별이

생길 수밖에 없었습니다.

프랑스 문화에 동화된 소수 아프리카 엘리트들은 식민지 관리로

등용되기도 했습니다. 하지만 프랑스 유학까지 거쳤던 이들은 동화 정책을
수용하면서도 비판의 시선을 놓치지 않았고, 훗날 식민지가 독립하는 데
큰 역할을 하게 됩니다.

한편 제도 실행 과정에서 당연히 본국 출신과 식민지 출신 사이에는
다양한 차별이 존재했고, 노골적으로 식민지 출신들에게 정치적, 법적으로
불이익을 주는 원주민 법이 시행되기도 했습니다.

이런 방식은 일제 강점기에 일본이 한반도에서 추진한 정책과 흡사하다는
것을 알 수 있습니다.

반면에 영국은 연합 정책을 펼쳤습니다.

연합 정책은 식민지 민족의 문화적 독자성을 인정합니다. 그 대신 식민지

주민들을 본국 주민들과 동등하게 대우하는 정책은 펼치지 않았죠.

즉, 식민지와 본국은 분명히 다르다는 사실을 전제로 한 정책입니다.

영국은 본국에 이익이 되는 방식으로 식민지를 경영한 것이지요.

이렇듯 아프리카에서도 두 나라 지배는 다르게 진행되었습니다.

수에즈 운하의 수난

우연인지, 필연인지
유럽의 아프리카 쟁탈전이
벌어진 시기는 수에즈 운하
건설과 때를 함께합니다.
유럽과 아시아를 잇는
수에즈 운하에는 아프리카의
고통이 고스란히 담겨 있습니다.

수에즈 운하 건설 계획은 고대부터 있었습니다.

18세기 말에 이집트를 정복한 나폴레옹 역시 수에즈 운하 건설의 꿈을

품고 있었죠. 그러나 그 무렵 토목 기술로는 어려운 일이었습니다.

그 후 1854년에 이집트 통치자* 무함마드 사이드 파샤**는 프랑스
외교관인 페르디낭 레셉스에게 운하 개설 특허권과 수에즈 지협의
조차권***을 양도했습니다.

페르디낭 레셉스

무함마드 사이드 파샤

이로써 프랑스가 주도하여 수에즈 운하를 개설할 수 있게 되었죠.
수에즈 운하가 건설되면 아프리카 희망봉을 경유하지 않고 아시아로
바로 가는 최단 경로가 되는 것입니다.

*   당시 이집트는 오스만 제국의 명목상 지배 아래 있어, 나라의 수장을 통치자라 불렀다.
**   높은 관리를 명예롭게 부르던 말.
***   특정 지역을 다른 나라가 사용할 수 있도록 일정 기간 빌려주는 것.

레셉스는 1858년, '만국 수에즈 해양운하회사(Compagnie Universelle du Canal Maritime de Suez)'를 설립하였습니다. 회사 주식 20만 7천 주는 프랑스가, 17만 7천 주는 이집트 통치자가 소유하였습니다.

초창기 수에즈 운하에 별 관심을 보이지 않던 영국은, 수에즈 운하 공사가 진척을 보이자 훼방을 놓기 시작했습니다.

결국 1866년, '만국 수에즈 해양운하회사는 이집트 회사이며 이집트 법과 관습에 따른다.'는 협정이 조인되고야 공사가 계속될 수 있었습니다.

그리고 얼마 후 영국은 이집트 통치자가 소유한 주식을 매입하였습니다.

영국 입장에서는 인도, 중국으로 가는 빠른 뱃길이 경제적·군사적으로
도움이 될 뿐 아니라 아시아의 식민지까지 효율적으로 통치할 수 있어,
반드시 손안에 넣고 싶었던 거죠.
그 후 영국은 수에즈 운하 보호 명목으로 이집트 통치에 나섰습니다.
이에 반제국주의 반란이 일어나자 진압을 빌미로 운하를 자신들의
군사 기지로 만들고, 철수를 거부하였습니다.

1904년에 이르러서야 모로코에 대한 프랑스 지배권과, 이집트에 대한
영국의 권리를 교환하는 조건으로 수에즈 운하 중립화와 국제화에
동의하였습니다. 그렇다고 영국이 수에즈 운하에 대한 지배권을 포기한
것은 아닙니다. 1922년, 이집트가 독립한 후에도 수에즈 운하에 대한
군사적 지배를 포기하지 않았죠. 이집트인들도 항거하기 시작했고 결국
1956년, 이집트 대통령 나세르에 의해 운하 국유화가 이루어졌습니다.
그럼에도 수에즈 운하의 운명은 편치 않았습니다.
영국과 프랑스, 이스라엘이 반발해 전쟁을 일으켜 운하 통행이
금지됐습니다. 다시 1967년, 3차 중동전쟁으로 인해 폐쇄되었다가
1975년에 이르러서야 운행이 재개될 수 있었습니다.

프랑스 식민지들

수에즈 운하를 사이에 둔 영국과 프랑스의 갈등에서 드러나듯이 이집트

주변은 프랑스와 영국 식민지가 되었습니다. 프랑스의 아프리카 식민지는

북서쪽 아프리카에 집중되어 있습니다.

본국, 프랑스에서 가깝기 때문이죠.

예외로 북동쪽에 위치한

지부티와 섬나라

마다가스카르,

그리고 마다가스카르

북쪽에 위치한

작은 섬나라 코모로가

있습니다.

다른 유럽국들과 마찬가지로 아프리카에서 노예 무역을 시작한 프랑스는 17세기 중반, 세네갈에 무역 기지를 건설하였습니다. 세네갈을 아프리카 정복 전진 기지로 만든 것이지요.

1880년대에 접어들면서 프랑스는 해안에서 시작해 내륙으로 정복의 발길을 옮겼고, 그 결과 거대한 땅을 얻을 수 있었습니다.

오늘날의 모리타니·세네갈·기니·말리·부르키나파소·코트디부아르·니제르·베냉 지역을 장악했고, 초창기에는 이 지역을 식민지 또는 독립된 국가로 통치했습니다.

그 후 모든 지역을 통합해 프랑스령 서아프리카(Afrique-Occidentale française, AOF), 즉 식민지 연방 국가를 세웠죠.

제2차 세계대전이 끝난 후 프랑스는 자신들의 식민지 정책에 발맞추어 프랑스령 서아프리카를 본국처럼 운영하기 위해 의석을 할당하고, 뒤이어 제한된 형태로 시민권도 부여했습니다.

그러나 이러한 움직임에도 아프리카인들의 독립 열기는 거세졌고, 결국 1960년대에 들어서면서 많은 나라가 독립하게 되었습니다. 하지만 순순히 독립을 시켜 주지 않았습니다.

* 1945년 프랑스가 통치를 수월하게 하기 위해 식민지 화폐로 세파 프랑을 만들었으며, 아프리카 독립 이후 꾸준히 사용하다 2019년에 화폐개혁이 이뤄져 지금은 사용하지 않는다.

아프리카 속 프랑스, 알제리

알제리는 프랑스에서 가장 가까운 아프리카 땅입니다.
다른 곳보다 이른 시기인 1830년, 프랑스 식민지가 되었고 아프리카의
다른 나라보다 늦게 독립을 쟁취했습니다.

알제리는 사하라 사막 남쪽과는 달리 오래전부터 국가적 체계를 갖추고
있었습니다. 오스만 제국 지배 아래 있었지만 자치 정부 형태를 유지하고
있었던 것입니다.
그런 상황에서 프랑스 침략을 받았습니다.
당연히 알제리 측은 저항에 나섰고, 알제리의 강력한 저항에 부딪힌
프랑스 역시 더욱 강하게 행동했죠.
그런 와중에도 많은 프랑스인들이 알제리로 이주했고, 식민지 정책인
동화 정책을 적극적으로 펼치며, 기반 시설을 마련하는 등 알제리를 제2의
프랑스로 만들었습니다.

이슬람교를 믿던 알제리인들은 허울뿐인 동화 정책에 분노만 할
뿐이었습니다.

제2차 세계대전 때에는 나치 독일에 점령된 프랑스를 구하기 위해 많은
알제리인들이 총을 들기도 했지요. 그러나 프랑스는 이들을 총알받이로
이용했습니다.

이에 알제리 시민들 사이에 프랑스에 대한 불만이 계속 커져 갔습니다.

제2차 세계대전이 끝나고 전승 퍼레이드가 열리던 날, 알제리 전역에서는
함성이 울려 퍼졌습니다. 독립의 함성이 울려 퍼진 것입니다.

* '당신에게 평화를'이라는 뜻으로, 아랍권과 이슬람교의 대표적인 인사말.

그러자 알제리 세티프 시에서 시위대를 향해 발포가 시작되었죠.

'세티프 시위' 또는 '세티프 학살'이라고 불리는 이 사건으로 적어도

2만 명이 넘는 알제리인들이 프랑스 폭격기와

순양함의 함포 사격을 받고

사망했습니다.

이 사건을 계기로 프랑스와 알제리는 돌아올 수 없는 강을 건넜습니다.

이 사건 직후 알제리인들은 '알제리 민족 해방 전선'을 결성하고 프랑스에

저항하였습니다.

프랑스는 유화책을 펼치며 알제리를 식민지가 아닌, 프랑스 소속의

한 주로 삼기 위해 애를 썼습니다. 그러나 그러한 정책은 오래가지

못했습니다.

1954년 11월, 프랑스와 알제리는 그 후 8년 동안이나 지속될 전쟁을 시작했습니다. 이를 '프랑스-알제리 전쟁' 또는 '알제리 전쟁'이라고 부릅니다.

이 전쟁은 현대 세계사에서 찾아보기 힘든 잔인한 전쟁으로 이름이 높습니다.

결국 1962년, 국제적으로 비난받던 프랑스 드골 정부는 알제리에게 3가지 제안을 내놓았습니다.

1. 알제리는 프랑스의 한 주가 되며 프랑스인들과 동등한 혜택을 받는다.
2. 알제리는 프랑스의 자치 공화국이 된다.
3. 알제리는 국민 투표를 통하여 완전한 독립 국가가 된다.

알제리는 세 번째 안을 채택해 130여 년에 걸친 식민지 역사의 끝을 냅니다.

프랑스-알제리 전쟁으로 프랑스 측은 약 9만 명(프랑스 정규군 3만, 알제리를 포함한 식민지 출신 병사 6만여 명)이 사망했고, 알제리 측은 약 15만 명이 사망했습니다.

그러나 이 전쟁의 참상은 민간인 사망자 수에서 극에 달합니다.

200만 명이 넘는 알제리 민간인이 폭격, 고문, 학살 등 잔인한 방식으로

죽었지요.

그런 까닭에 알제리는 프랑코포니*에도 가입하지 않았습니다.

* 프랑스어를 모국어나 행정어로 쓰는 국가들로 구성된 국제 기구다. 이에 대한 자세한
내용은 152p에 게재.

영국 식민지들

영국의 아프리카 식민지는
북쪽에서 남쪽에 걸쳐
있습니다. 서부 아프리카에도
몇 나라가 산재해 있죠. 사하라 북부
아프리카를 대표하는 나라인 이집트는
'수에즈 운하'가 빌미가 되어 영국 식민지가
되었습니다.

이집트 아래에 있는 수단 역시

영국 식민지가 된 과정이 이집트와 비슷합니다.

영국 식민지 가운데 가장 주요한 나라는 오늘날 남아프리카 공화국입니다

남아프리카 연방(Union of South Africa)에서 남아프리카 공화국으로

남서아프리카
(현 나미비아)

트란스발주

오렌지
자유국주

케이프주
(케이프타운)

나탈주

1910년, 아프리카 남부에서는

'남아프리카 연방'이라고 하는

새로운 나라가 탄생했습니다.

이 나라는 성격이 제각각인 오렌지 자유국주,

나탈주, 케이프주, 트란스발주의 4개 주로 구성되었죠.

그 외에 남서아프리카를 5번째 주로 여겼으나 국제 사회는 누구도

인정하지 않았습니다.

이 복잡한 나라는 아프리카 쟁탈전의 축소판이라고 할 수 있습니다.

남아프리카에는 1487년 포르투갈의 바르톨로뮤 디아즈가 처음
상륙했습니다. 그는 계속 전진하여 이듬해에는 아프리카 동부 해안에
도착했고, 포르투갈로 돌아오는 길에 오늘날의 희망봉을 발견해
'폭풍의 곶'이라는 명칭을 붙였습니다. 그 후 귀환하여 포르투갈 왕
주앙 2세에게 그 사실을 보고하자, 왕은 그곳이 미래의 희망이 될 것이라
확신하여 '희망봉'이라고 바꿔 부르도록 했지요.
희망봉의 탄생은 유럽인에게는 희망, 아프리카 원주민들에게는 절망을
안겨 주었습니다.

희망봉이 자리 잡고 있는 케이프타운에
근거지를 마련한 최초의 유럽인은
네덜란드인이었습니다.
유럽에서 인도로 가는 길목에 있는 이
지역을 중간 기착지로 만들어, 자신들의
식민 기지로 만든 것입니다.
그때부터 네덜란드 본국으로부터 많은
사람들이 도착하였고, 아시아에서도
건너오기 시작해 국제적인 도시가
형성되었습니다.

네덜란드에서 이곳에 온 사람들은
대부분 농사꾼들로, 자신들을 스스로
'보어(Boer)인'이라고 불렀습니다. 보어는
네덜란드어로 '농부'를 뜻합니다.
그러나 보어인들은 우리가 상상하는 순박한
농부가 아니었습니다.
그들은 질 좋은 토지에서 농사를 지으며
땅을 넓혀 나가고, 관할 지역을 확대하기
위해 원주민들에게 약탈과 착취, 살인 등을
일삼았습니다.

보어인들이 그렇게 세력을 확장하고 있는 가운데 이 지역에 눈독 들인
나라가 있었습니다. 바로 영국입니다.

영국은 이 지역을 공략해 영국령으로 만들었고, 영국군의 압박에 굴복한
보어인들은 동북쪽으로 이동하였습니다.

그 과정에서 보어인들이 세운 나탈 공화국, 오렌지 자유국, 트란스발
공화국 등이 탄생합니다.

19세기 중후반, 이 지역에서 다시 백인에게 희망이 되고
원주민에겐 절망적인 사건이 발생합니다.

트란스발 공화국과 오렌지 자유국에서 다이아몬드 광산과 금광이 발견된
것입니다.

그러자 영국은 이곳을 강력하게 통치했고 수많은 영국인들이 노다지의
꿈을 찾아 모여들었습니다.

이들은 당연히 먼저 자리한 보어인들과 갈등을 일으킬 수밖에 없었지요.

마침내 영국은 보어인들과 보어전쟁(1899~1902)을 벌였습니다.

흑인들 땅에 두 나라 백인들이 들어와 쟁탈전을 벌인 셈이죠.

보어전쟁에서 영국이 승리하면서 이 지역에 대한 점령을 확고히 다지게
됩니다.

그러나 이곳에 자리한 영국인들은 시간이 지나자 더 큰 욕심을
부렸습니다. 영국 식민지였던 미국이 독립했듯, 그들 역시 영국 정부에
대해 자치권을 주장하기 시작한 것입니다.

그 결과 1910년, 백인들끼리 남아프리카 연방을 세웠고
영국은 남아프리카 연방을 국가로 인정하고 자치권을 부여했습니다.

자신들만의 나라를 꾸려 갈 수 있다고 여긴 남아프리카 연방 백인들은 제1차 세계대전이 발발하자 독일이 점령하고 있던 남서아프리카*를 국제연맹 관리 아래 위임 통치**하였고, 제2차 세계대전 후에는 아예 병합하였습니다.

이들은 철저히 백인들을 위한 나라로 꾸려 갔습니다.

토지법 개정으로 원주민 토지 소유를 엄격히 제한하여, 원주민의 토지 소유 비율은 7%에 불과한 반면 극소수 백인들의 토지 소유는 90% 이상으로 확대되었죠.

'아파르트헤이트(Apartheid)'라고 불리는 흑백 분리 정책도 본격적으로 펼치기 시작했습니다.

인종별 거주 지역 및 공공시설 분리, 인종별 교육 기준 차별, 남아프리카 연방 정치 금지 등을 실시했죠. 1980년대에는 유색 인종 거주 구역을 따로 독립시킬 정도였습니다.

아프리카 땅에서 아프리카 사람들은 시민이 아니었던 것이죠.

---

* 현재 나미비아.
** 국가를 다스리는 일을 해당 국가의 국민에게 맡기지 않고 다른 국가나 국제기구에게 맡기는 것을 말한다.

세계 다수 국가에서 알게 모르게 인종 차별이 이루어지고 있는 것은
엄연한 현실입니다. 그러나 남아프리카처럼 대놓고, 법적으로 시행하는
곳은 없었습니다. 그렇기에 더 다른 나라의 미움을 샀는지도 모릅니다.
결국 남아프리카 연방은 국제 사회의 비난과 제재를 받게 되었지요.
그러자 남아프리카 연방은 1961년, 자신들 편에 서기는커녕 오히려
비난하는 영국 연방에서 탈퇴하였습니다.
이때부터 '남아프리카 연방'이라는 명칭은 사라지고
'남아프리카 공화국'으로 재탄생합니다.

그렇게 버티던 남아프리카 공화국도 1990년대에 들어서면서 더 이상
버틸 수 없었지요. 국제 사회가 지속적으로 정치·경제적 제재를 가했기
때문입니다. 결국 1994년, 최초의 자유선거를 통해 흑인인 넬슨 만델라가
대통령에 당선되면서 아파르트헤이트는 역사 속으로 사라졌습니다.

넬슨 만델라

한편 남아프리카 공화국의 수도는 행정 수도, 사법 수도, 입법 수도로 분리되어 있습니다. 남아프리카 연방 시절에 트란스발주 주도인 프리토리아가 행정 수도를, 오렌지 자유국 주도인 블룸폰테인이 사법 수도를, 케이프주 주도 케이프타운이 입법 수도를 나누어 가진 전통이 지금까지 내려온 것입니다.

또 하나의 기이한 경우,
짐바브웨

리빙스턴이 빅토리아 폭포를 발견한 이후 영국 식민지가 된 지역이

오늘날 짐바브웨입니다. 남아프리카 공화국 북동쪽에 위치해 있죠.

1923년, 이곳은 '남로디지아'라고 불렸습니다. 로디지아란

'로즈의 나라'라는 뜻입니다.

로즈는 영국인 갑부이자 탐험가,

열렬한 제국주의자,

사회사업가인 세실 로즈(Cecil John Rhodes,

1853-1902)를 가리킵니다.

영국이 세계를
정복할수록
인류는 행복해질
겁니다.

스무 살도 되기 전에 식민지로 건너간 세실 로즈는 백인을 위한 나라
건설의 뜻을 품은 채 자신을 위한 광산 개발에 나섰습니다. 그리고 세계
최대의 다이아몬드 광산을 손에 넣을 수 있었죠. 그 회사가 세계적인
다이아몬드 회사 '드비어스(De Beers)'입니다.

드비어스는 오늘날에도 세계에서 가장 큰 다이아몬드 회사로,
세계 다이아몬드 거래와 가격은 이 회사가 좌우한다고 해도 과언이
아닙니다.

1965년, 백인이자 철저한 인종주의자 이언 스미스가 '로디지아'라는
이름으로 영국으로부터 독립을 선포했습니다. 그러나 이 나라는 국제
사회의 승인을 받지 못했죠.

그가 이끄는 로디지아는 남아프리카 공화국에
버금가는 인종 차별 정책을 펼쳤습니다. 세계는 그 나라에 등을 돌렸고,
결국 압력을 이기지 못한 백인 정권은 물러나야 했습니다.
1980년에 가서야 총선거를 통해 흑인 정권이 들어섰죠.
그리고 국제 사회의 승인을 받아 정식 독립국 '짐바브웨 공화국'이
탄생하였습니다.

한편 세실 로즈는 오늘날에도 이름을 남기고 있습니다.

그의 이름을 딴 '로즈 장학금'을 통해 인재를 양성하고 있기 때문입니다.

그의 유언대로 로즈 장학금은 특정 국가, 백인 남자에게만 주는 것을

원칙으로 했습니다. 그러나 오늘날에는 국적, 인종, 성별 구분 없이

장학생을 선발하고 있지요.

아마 지하에서 로즈가 박수를 치지는 않을 듯합니다.

포르투갈 식민지들

포르투갈은 앞서 살펴본
것처럼 사하라 사막 이남
아프리카에 처음 발을 들여놓은
유럽 국가입니다.
그러나 아프리카 쟁탈전에서는 한걸음
물러날 수밖에 없었습니다. 포르투갈의 의지가
없었는지 쇠약해진 국력 때문인지는 알 수 없지만
말이지요.
아프리카 최초의 포르투갈 식민지는 서부 아프리카의 작은 나라
기니비사우와 섬나라 카보베르데입니다.
포르투갈인들은 기니비사우 서북쪽에 위치한 섬 카보베르데를 근거지로
하여 대륙의 땅 기니비사우를 통치하였습니다. 그 후 포르투갈은
카보베르데와 기니비사우를 분리해 통치하였죠.

그러다 1974년 기니비사우가 독립하였고, 카보베르데 역시 이듬해인 1975년 독립하였습니다.

두 나라 모두 독립이 늦었는데, 그 무렵 포르투갈을 지배하고 있던 독재 정권은 '세계 최후의 식민지 제국'이라는 오명을 뒤집어쓰면서도 끝까지 식민지를 포기하지 않았기 때문입니다.

이들은 모두 포르투갈어를 공용어로 사용하고 있습니다.

그러나 인구 구성은 매우 다른데, 포르투갈 당국이 카보베르데를 통치의 중심으로 삼았기 때문입니다.

기니비사우는 인구의 99%가 아프리카인이며 종교 또한 이슬람이 50%, 토착신앙이 40%를 차지하는 데 반해, 기독교는 10%에 불과합니다.

반면, 카보베르데는 유럽과 아프리카 혼혈인 크레올이 약 70%, 아프리카인이 약 28%를 차지하며, 종교 역시 포르투갈과 같이 국민 대부분이 가톨릭을 믿습니다.

독일 식민지들

독일 식민지

토고

카메룬

르완다

브룬디   탄자니아

나미비아

독일은 근대에 접어들면서
유럽 각국이 벌인 세계의
식민지 건설 경쟁에서 한발
물러나 있었습니다. 그 무렵 독일은 통일된
국가가 아니라 여러 제후국으로 분할되어 있어
강력한 힘을 발휘하지 못했기 때문입니다.

1862년 '철혈재상(鐵血宰相)'이라 불리는
오토 폰 비스마르크(Otto Eduard Leopold von Bismarck,
1815–1898)가 프로이센 왕국*의 재상에 오르면서
세상이 달라졌습니다.

---

* 독일 북부에 위치한 나라로, 독일 제국 수립에 중심적 역할을 했다.

비스마르크는 이후 강력한 군사력을 키우며 독일 제국의 꿈을 이루고자

했습니다.

결국 1871년, 여러 제후국을 정복해 독일 제국이 탄생했지요.

독일 민족이 세운 최초의 통일 국가가 선 것입니다.

그 후 비스마르크는 유럽 전역으로

영향력을 행사했을 뿐 아니라 식민지 확장에도

나섰습니다.

우리가 당면한 일은 오직 강철과 피로써 해결할 수 있소.

토고와 카메룬, 남서아프리카*는 1884년에, 독일령 동아프리카**는
이듬해에 식민지로 병합하였습니다. 또 1890년에는 르완다와 부룬디를
독일령 동아프리카에 편입시켰지요.

이로써 독일 역시 아프리카 대륙에 상당한 식민지를 건설하였습니다.
이 시기를 비스마르크 전성시대라고도 합니다.

그러나 제1차 세계대전에서 패하면서 독일은 아프리카 식민지 전부를
상실했습니다.

카메룬, 토고는 영국과 프랑스 손에 넘어가고,
나미비아는 남아프리카 연방에, 르완다와 부룬디는 벨기에 통치를 받는
국제연맹 신탁 통치령***이 되었지요.

탄자니아는 국제연맹의 위임 통치령이 되었다가 제2차 세계대전 이후
다시 영국의 신탁 통치령이 되었습니다. 그리고 1963년, 오랜 식민지
생활을 청산하고 독립했습니다.

*   현재 나미비아.
**   현재 탄자니아.
*** 국제 연합의 위임을 받은 나라가 통치를 행할 수 있도록 정한 것을 말한다.

스페인 식민지들

스페인은 아메리카 대륙에

수많은 식민지를 건설했습니다.

그러나 아프리카 쟁탈전이 벌어질

무렵에는 세계적인 강대국 대열에서 벗어난

상태여서 아프리카에서는 변변한 식민지를

갖지 못했죠.

스페인 통치를 거친 나라로는 서부 아프리카에 위치한

작은 나라 적도 기니와 아프리카의 유일한 UN 미승인국

서사하라가 있습니다.

적도 기니는 18세기 후반 스페인이 처음 점령한 후 오래도록 통치를

당하다가 1968년에 독립하였습니다.

서사하라는 복잡한 역사를 가진 나라입니다.

19세기 후반, 서사하라를 스페인이 스페인령 사하라로 명명하며 통치에
나서자, 모로코와 모리타니가 영유권을 주장하기 시작했습니다.

또 이와는 별개로 서사하라 원주민들로 구성된 조직 폴리사리오(Polisario,
Popular Front for the Liberation of Saguia el Hamra and Río de Oro)가 서사하라
독립을 위해 끊임없이 게릴라전을 펼쳤지요.

1974년, 독재정권에 반발하는 민주화 운동으로 정국이 어수선해진
스페인은 서사하라에서 철수하기로 결정하고, 모로코와 모리타니에게
분할 양도했습니다.

그 후 모리타니는 폴리사리오와 협정을 맺고 영유권을 포기하였지만,
모로코는 현재도 영유권을 주장하고 있습니다.

서사하라는 비료의 원료가 되는 인광석 산지입니다.

모로코는 이 자원을 독점하기 위해 서사하라의

영유권을 포기하지 않는 것이죠.

오늘날에도 모로코는 폴리사리오와

영유권 다툼을 벌이고 있습니다.

이로 인해 서사하라에는 2,700km에

달하는 장벽이 세워졌는데,

모로코가 세운

이 장벽은 언제 무너질지

알 수 없습니다.

이탈리아 식민지들

이탈리아 지배를 받은 지역
가운데 대표적인 곳은 이탈리아 본토와
마주하고 있는 리비아입니다.
그 외에 에리트레아와 소말리아가 있는데,
두 곳 모두 이탈리아가 정벌을 꾀하다가 실패한
에티오피아 주변이죠.

오스만 제국의 영향력이 컸던 동북부 아프리카는
영국, 프랑스, 이탈리아가 모두 눈독을 들이고 있었습니다.
게다가 수에즈 운하가 개통되면서 이 지역을 둘러싼 쟁탈전은 한층
가열되었습니다.

이탈리아도 지지 않고 에티오피아 쟁탈에 나섰으나, 프랑스 등의
지원을 받은 에티오피아에 패해 물러날 수밖에 없었습니다. 그러나 그
과정에서 에티오피아 북부 에리트레아 지역과 소말리아 남부를 장악할 수
있었습니다.

이탈리아의 아프리카 쟁탈은 여기서 그치지 않았습니다.
1940년, 이탈리아는 식민지 리비아를 기지로 삼아 이집트 침략에 나섰죠.
그러자 이집트에 군사 기지가 있었던 영국군이 거세게 저항했고, 오히려
리비아까지 진격해 왔습니다. 이탈리아는 독일의 도움을 받았지만 결국
패하고, 리비아에서도 물러나고 말았지요.

벨기에 식민지이자 비극의 땅, 콩고 민주 공화국

벨기에 식민지

콩고 민주 공화국

콩고 민주 공화국은 벨기에의

유일한 식민지였습니다.

200여 개 부족으로 구성된 콩고 민주 공화국은

1960년 벨기에로부터 독립하였지요.

그때에는 나라 이름이 콩고 공화국이었는데,

1971년 자이르로 변경했다가 1997년 다시

콩고 민주 공화국으로 바꿨습니다.

면적이나 인구 면에서 아프리카의 주요한 국가 가운데

하나인데, 그에 비해 경제적으로는 낙후한 상태입니다.

1865년, 벨기에 국왕으로 즉위한 레오폴드 2세는 식민지 건설에
적극적이었습니다. 1876년에는 아프리카 내륙 관련 국제회의를
개최했습니다. 그 후 1878년에는 '국제 아프리카 협회'를 출범시켰는데,
겉으로는 인도주의를 내세운 이 단체의 실제 목표는 아프리카 식민지
건설을 위한 지원 활동이었습니다.
레오폴드 2세는 국제 아프리카 협회를 통해 헨리 스탠리에게 아프리카
식민지 개척을 의뢰했고, 스탠리가 찾은 땅이 콩고였습니다. 스탠리는
이곳 지배권을 넘겨받기로 토착 원주민들로부터 서명을 받은 후 레오폴드
2세를 위해 '콩고 자유국'이라는 개인 소유 나라를 세웠습니다. 세계
역사상 유례가 없는 일이었죠.

그 후 이곳에서 자라는 고무나무에서 채취한 고무 수요가 세계적으로
증가했습니다. 그러나 이는 원주민들에게 지옥의 문을 열어 준 셈이
되었습니다.
이곳을 관리하던 자들은 원주민 남자는 물론 여성,
어린아이까지 노동을 시킨 것은 말할 것도 없고,
고무 채취 할당량을 못 채우면 팔을 자르고, 다음에는 목을 잘랐습니다.
그래도 실적이 좋지 못한 마을은 아예 없애 버렸습니다.

이렇게 죽어 간 콩고 원주민들의 숫자가
얼마인지는 정확하지 않습니다. 적게는 1천만 명이
넘는 것으로 알려져 있는데, 벨기에 정부
발표에 따르면 콩고 전 국민의 15%라고
합니다. 그러나 학자에 따라서는 3천만 명
이상이 사망했다고 판단하고 있습니다.

이러한 학살은 결국 세상에 알려지게 되었고, 국제 사회의 비난을 못 이긴
레오폴드 2세는 그 땅을 벨기에 정부에 넘겼습니다.
벨기에 국왕 사유지가 벨기에 식민지로 바뀐 것입니다.
그 후에도 콩고에 대한 벨기에 통치는 계속 이어졌고, 1960년에
가서야 콩고 민주 공화국은 독립을 하게 됐죠.

오늘날 대한민국을 비롯한 아시아 여러 나라는 20세기에 이 지역을
침략한 일본 정부에 사과와 배상을 요구하고 있습니다. 그러나 일본은
들은 체 만 체 하고 있죠.

벨기에 역시 콩고 민주 공화국에 저지른 만행에 대해 침묵으로 일관해
세계적으로 논란이 끊이질 않았습니다.

콩고 민주 공화국이 벨기에로부터 독립한 지 60주년이 되는
지난 2022년 6월, 벨기에 필리프 국왕은 콩고 펠릭스 치세케디
대통령에게 편지 한 통을 보냅니다.

콩고 민주 공화국 대통령은
이 편지를 읽고 이렇게
답했습니다.

"역사상 벨기에로부터
받은 가장 훌륭한
서한이었습니다."

진실과 기억은 고통을
올바르게 인식하고
상대방의 고통을 인정하는
것에서부터 시작됩니다.
오늘날 우리 사회에
존재하는 차별에 의해
되살아난 과거의 상처에
대해 가장 깊은 유감을
표하고 싶습니다.

하지만 벨기에 국가 차원의
공식 사과가 아니고, 세계 여론에 떠밀려
유감을 표시하는 정도의 제한된 사과라는 비판이 있었죠.

아프리카는 여전히 제국주의 열강이 뿌린 아픔의 씨앗을 거두지 못하고
있습니다.

3부

아프리카의 미래

오늘날 아프리카는

21세기에 접어들면서 유럽의 식민지로 남은 아프리카 땅은 거의
없습니다. 그런데도 아프리카는 끊임없이 가난과 질병, 전쟁과 차별로
고통받고 있습니다.
하루가 멀다하고 텔레비전을 비롯한 매체에서는 고통받는 아프리카
아이들을 도와달라는 민간기구의 광고가 방영되고 있지요.

왜 그럴까요?
왜 아프리카는 독립한 후에도 이토록 고통을 받는 것일까요?
그럴 바에야 독립하지 않는 편이 낫지 않았을까요?

실제로 아프리카는 식민지 시절이 더 좋았다는 주장을 펼치는 사람들도
적지 않습니다.
그러나 실상을 알고 나면 그런 말은 옳지 않음을 깨달을 것입니다.

아프리카 경제 체제가
완전히 변했다

유럽인들이 진출하기 전 아프리카에는 몇 가지 특징이 있었습니다.

아프리카는 오래전부터 자급자족 경제 체제를 영위했죠. 북아프리카를

제외하면 다른 지역과 본격적으로 교역을 하던 지역도 많지 않았습니다.

그러나 유럽인들이 들어오면서 아프리카의 자급자족 경제 체제는

급변하였습니다.

유럽인들은 아프리카인들을 위한 농업, 즉 아프리카인들이 필요로 하는

농산물 재배에는 관심이 없었습니다.

그 농산물은 돈이 안 되었기 때문이지요.

그 대신 그들은 해외에 내다 팔 작물 재배에 온 힘을 기울였습니다.

농경지는 모두 수출용 작물지로 변했고, 원주민들은 그곳에서 죽도록

일해야 했지요.

아프리카인들이 먹을 양식은 날이 갈수록 줄었습니다.

이러한 변화는 독립 이후에도 유지되었는데, 이는 한 번 변한 농토를 예전

농토로 바꾸는 것이 쉽지 않기 때문입니다.

이렇게 해서 아프리카인들은 식민지에서 벗어난 다음에도 만성적인

빈곤에 시달리게 되었습니다.

아프리카 기아 지도

미산출

위험

심각

매우 위험

심각

위험

위험

미산출

게다가 20세기 후반에 들어서면서
지구는 기후 변화를 겪기 시작했고,
땅과 자연에 의존해 살아가는
아프리카인들에게 가장 큰 타격을 입혔습니다.
그 후 아프리카에서는 자연재해와
이로 인한 농산물 흉작이 반복되고 있습니다.

출처: 컨선월드와이드
(국제인도주의단체), 2021년 기준.

부족 중심 사회에서
국가로

아프리카는 나라가 아니라 부족 중심이나 씨족 중심 사회였습니다.
수천 개 부족, 수천 개 언어, 각기 다른 수많은 토속 신앙은 아프리카
지역의 특징이죠.

부족 중심 사회로 아프리카인들은 드넓은 지역과 교류하지 않았습니다.
교류와 왕래가 없다 보니 도로와 교통 역시 발달하지 않은 상태였습니다.
당연히 외부 세계에 알려지지도 않았고요.
이는 아프리카의 특징을 오래도록 유지할 수 있는 이유였을 뿐 아니라,
유럽인들이 아프리카 곳곳을 찾아내 자기들 땅으로 만들 기회를
제공하기도 하였습니다.
그렇게 해서 근대적인 의미의 국가가 탄생하기 시작했습니다.

그러나 아프리카인들에게 국가는 아직도 익숙하지 않은 체제입니다.

유럽에서도 민족 국가가 자리 잡기까지 수백 년 동안 서로 싸우고 죽이고
했습니다. 이처럼 우리 삶의 모든 측면에 영향을 끼치는 국가라는 체제가
자리 잡으려면 당연히 오랜 시간이 걸립니다.

그런데 아프리카는 그런 준비도 없이 타의에
의해 국가가 탄생한 것입니다.
그러고는 세금을 요구했고, 국가가 허용하는
행동만 하며, 알지도 못하는 법을 지키라고
요구받았지요.
그러니 그 과정에서 갈등이 일어나는 것은
당연합니다.

아프리카인들에게 서양식 정치 형식은
매우 낯섭니다.
그곳 사람들은 오랜 기간 지역과
종족, 종교 등에 기반을 두고 살아왔기
때문이지요.
자신들이 선택하지 않은 것을
받아들일 수 없는 것은 어찌 보면 당연합니다.
그들은 국가라는 체제가 중요하듯이 자신들이 속한 부족이나 지역
역시 존중받아야 한다고 여깁니다.

아프리카인들에게는 아직도 한 나라의 국민보다는 종족, 씨족이라는
개념이 더 강합니다.
민주주의보다는 부족주의, 씨족주의가 익숙한 그들에게
무조건 다수결에 따르라고 하니 소수 부족들이 반발하는 것은 당연하지요.
그러다 보니 부족 간 갈등이 끊이지 않는 것입니다.

갑작스러운
인구 증가

오래전 아프리카는 척박한 자연환경 탓에 지구상에서 인구가 가장 적은

지역에 속했습니다.

아프리카에 유럽인들이 들어오고, 노예 무역이 등장하면서 인구는

더욱 감소했지요. 그러나 20세기에 들어서면서 아프리카 인구는

기하급수적으로 증가하기 시작했습니다.

1960년대부터 21세기
초까지, 불과 60여 년 만에
아프리카 인구는 무려 6배
넘게 증가했습니다.

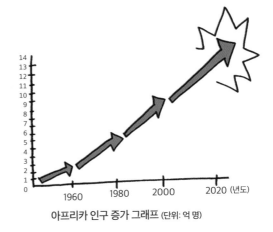

아프리카 인구 증가 그래프 (단위: 억 명)

서양 의학의 도입, 그리고 교역으로 인한 인구 유입 등이 한몫했지요.

세계 어느 지역에서도 유례를 찾아볼 수 없는 증가세입니다.

이미 아프리카는 아시아에 이어 세계 2위의 인구 보유 대륙입니다.

학자들은 2100년 무렵이면 세계 인구의 40%가 아프리카인일 것이라고

예측하고 있습니다.

그런데도 식량 생산을 위한 농토는 부족합니다.

다른 대륙에서 식량을 사 올 돈도 없습니다.

많은 아프리카인들이 민간단체들의 지원에 기대어 하루하루 살아가는

까닭입니다.

이러한 종교적·인도적 목표를 가지고 움직이는 임시방편의 지원은

아프리카 국가들의 자생력을 해친다고도 말합니다.

아프리카인들의 장래를 위한

정치·사회적 체제 구축에는

도움이 안 되기 때문이지요.

아프리카 고유의 문화에 바탕한 해결책을 마련해야 하죠.

서양의 시각으로 아프리카 문제를 해결해서는 안 됩니다.

미래의 아프리카

그렇다면 아프리카에서 살아가는 사람들은 어떻게 문제를 해결하고자
했을까요?

1960년, 다른 아프리카 나라에 앞서 독립을 일군 나라들은 아프리카
전체를 위해 행동에 나섰습니다.

그들은 강대국이건 약소국이건 한 나라가 한 표를 행사하는 UN이야말로
아프리카 지위 향상을 위해서는 필수적인 조직이라고 여겼습니다.

그리하여 미처 독립하지 못한 채 식민지로 남아 있는 이웃 나라들을
위해 힘을 합쳤습니다. 〈식민지 독립 부여 선언(Declaration on the Granting
of Independence to Colonial Countries and Peoples)〉을 UN 총회에 상정한
것입니다.

이 선언의 주요 내용은 다음과 같습니다.

> 1. 외국에 의한 정복·지배·착취는 기본적 인권을 부정하는 것으로,
>   UN 헌장에 위배되고 세계 평화와 협력 증진에 장애가 된다.

2. 모든 시민은 자결의 원칙을 가진다. 그들은 그 권리로 자유롭게 정치적 지위를
   결정하고 경제·사회·문화적 발전을 추구한다.
3. 정치적·경제적·사회적·교육적 준비 부족을 이유로 독립을 지연시켜서는 안 된다.
4. 식민지 각국의 독립운동을 무력으로 탄압해서는 안 된다.
5. 모든 권력을 해당 지역 주민에게 이양하기 위하여 신속한 조치가 취해져야 한다.

이 선언은 1960년 12월 14일, UN 총회에서 찬성 89, 반대 0, 기권 9의
표결로 통과되었습니다.

이 당연한 선언에 기권한 9개 나라는 영국, 미국, 프랑스, 포르투갈,
스페인, 남아프리카 연방, 호주, 벨기에, 도미니카 공화국으로, 대부분이
그때까지 아프리카에 식민지를 소유하고 있던 나라, 그리고 그 나라에
동조하는 나라들이었습니다.

이것만 보아도 선진국이라고 자부하는 나라들조차 자신들의 이익을
위해서라면 정의건 자유건 인권이건 포기한다는 사실을 알 수 있습니다.

그 후 아프리카 여러 나라가 독립을 쟁취하였습니다. 이에 아프리카인들은
아프리카 대륙 국가들이 더 나은 방향으로 나아가기 위해서는 어떻게 해야
할지 고민하였습니다.

그 결과 아프리카인이 단결하고 아프리카 국가들이 통합해야 한다고
여겼습니다. 이는 모든 아프리카를 두루 아우른다는 의미에서
범(汎)아프리카 운동으로 불립니다.

범아프리카 운동은 아프리카를 어떻게 통합할 것인가를 두고 두 단계로
추진되었습니다.

첫 단계는 아프리카 여러 나라가 독립을 유지하면서 협력하고 연대하는
것입니다. 이를 위해 1963년 남아프리카 공화국을 제외한 아프리카 대륙
31개국이 모여 '아프리카 단결 기구(Organisation of African Unity, OAU)'를
결성하였습니다.

아프리카 단결 기구는 무역 자유화, 분쟁의 평화적 해결 등을 추진했으나
아프리카 각국이 당면한 혼란스러운 내정에는 관여하지 않았습니다.

그 결과 여러 지역에서 벌어지는 분쟁과 갈등을 해결하지 못하였습니다.

그리하여 2002년, 아프리카 단결 기구를 해체하고 '아프리카 연합(African
Union, AU)'을 새로이 결성하였습니다.

아프리카 연합은 하나의 의회와 정부 같은 집행 기구, 사법 기구 및 단일
통화 사용 등을 통해 하나의 아프리카를 추구하는 조직입니다.

유럽 연합(EU)과 비슷한 조직을 아프리카에서 만들고자 한 것입니다.

아프리카 연합은 아프리카 국가 간 연대와 영토 보전, 민족문제에 대한 공동 대응, 아프리카인의 권리 및 인권 신장, 생활 수준 향상, 과학 기술 공동 연구, 질병 퇴치와 건강 증진을 위한 협력 등을 추진하고 있습니다.

이처럼 아프리카인들은 어려운 여건 속에서도 활로를 모색하기 위해 함께 또 독자적으로 노력하고 있습니다.

앞으로 아프리카가 어떻게 변화·발전해 나갈 것인지 예측하기 어렵습니다.

그러나 세계 어느 나라도 아프리카인의 평화와 행복을 위해 자신을 희생할 리는 없습니다. 수백 년 전부터 아프리카를 침략하고 약탈한 나라들조차 아프리카인들의 독립을 지지하지 않은 UN에서의 행동만 보더라도 알 수 있습니다.

아프리카가 희망찬 내일을 맞이하기 위해서는 오랜 세월이 필요할 것입니다.

게다가 세계는 아프리카를 자신들의 시각으로 바라보는 데 익숙합니다. 나라보다는 부족(部族), 물질보다는 영혼, 투표보다는 합의를 중시해 온

아프리카인들에게 서구식 민주주의와 정부 형태를 무조건 받아들이라고
요구할 수는 없습니다.

미래를 위해 어떤 체제와 방식을 선택하건 아프리카인들 스스로 결정할
문제입니다. 과거 유럽 여러 나라가 그랬듯, 누구건 자신들이 옳다고
여기는 종교, 경제 활동, 정치 체제, 언어, 문화를 강요해서는 안 됩니다.
더욱이 일본 제국주의자의 침략을 겪은 바 있는 우리는 더더욱
아프리카인들이 오늘날 겪고 있는 어려움을 이해해야 합니다.

아프리카를 동정하거나 은혜를 베푸는 대상으로 여기는 행동도 바람직한

것은 아닙니다. UN이 그러하듯 세계 모든 나라는 크건 작건, 부유하건 가난하건, 무력이 강하건 약하건 모두 1표씩 행사하는 동등한 존재이기 때문입니다.

21세기 중반에 접어들면서 비로소 기지개를 켜는 대륙, 아프리카. 이제 아프리카가 어떤 길을 개척해 나가는지 관심을 가지고 지켜볼 때입니다. 그리고 아프리카가 손을 내밀 때 우리는 보호자가 아니라 동반자의 태도로 그 손을 잡아야 할 것입니다.

부록

아프리카 들여다보기

✦ 자연환경

✦ 지역 구분

✦ 종교

✦ 인종

✦ 언어

아프리카 대륙의 핵심, 자연환경

자연환경은 그곳에 거주하는 주민에게 큰 영향을 끼칩니다.

넓게 보면 자연환경은 역사 전개에 중요한 요소이기도 하지요.

세계 최대의 사하라 사막, 나일강, 아프리카 최고봉 킬리만자로산,

세계 2위 담수호인 빅토리아호수 같은 자연환경은 아프리카의 역사, 정치,

경제에 커다란 영향을 끼쳤습니다.

나일강

인류의 4대 문명 가운데 하나인 이집트 문명을 낳은 강입니다. 길이가 약
6,700km에 이르는 나일강은 남아메리카의 아마존강 다음으로 세계에서
긴 강이지요. 나일강은 에티오피아, 수단, 이집트를 비롯해 아프리카 전 면적의
약 10%에 영향을 끼치며 흐릅니다. 고대부터 북아프리카와 사하라 사막 남부
아프리카를 연결하는 거의 유일한 교통로로 매우 중요한 자연환경입니다.

사하라 사막

사하라는 아랍어로 '사막'이라는 뜻입니다. 면적이 906만km²로 우리나라 면적의 90배에 달하는 세계 최대 사막이죠. 사하라 사막은 북아프리카 남쪽에서 시작하는데, 아프리카를 북아프리카와 중남부 아프리카로 나누는 주요한 자연환경입니다. 2018년 미국 메릴랜드 대학교 연구팀은 지난 100여 년 동안 사하라 사막 면적이 10% 늘어났다는 발표를 했습니다. 그 원인 가운데 하나로 삼림 파괴, 초원 파괴 등 인간에 의한 기후변화를 꼽았습니다.

킬리만자로산

탄자니아와 케냐 국경에 위치한 아프리카 최고봉으로 높이가 5,895m나 됩니다. 킬리만자로는 아프리카어로 '번쩍이는 산'이라는 뜻입니다.

빅토리아호

동아프리카에 위치한 빅토리아 호수는 우간다, 탄자니아, 케냐에 걸쳐 있습니다. 면적이 우리나라의 70%에 이르는 6만 9485km²에 달하고 해발고도 1,134m, 호안선* 길이만 해도 3,440km에 달하는 거대한 호수입니다. 나일강의 가장 큰 젖줄이기도 하지요. 본래 '우케레웨호'라고 불렸는데, 영국인 J.H.스피크가 호수를 발견한 후 '빅토리아호'로 이름을 바꿔 불렀고, 그 후 빅토리아호가 되었습니다.

* 호수의 기슭을 이루는 선을 말한다.

아틀라스산맥

나일강

에티오피아고원

사하라 사막

빅토리아호

킬리만자로산

나이저강

콩고강

탕가니카호

칼라하리 사막

빅토리아 폭포

아프리카 남부, 잠베지강에 있으며, 그곳 주민들은 '모시오아툰야'(현지어로 '천둥 치는 연기')라고 부릅니다. 너비 약 1,500m, 낙하 평균 길이가 약 130m에 달하는 거대한 폭포이지요. 1855년 영국 탐험가 리빙스턴이 발견한 후 자신의 조국 영국의 빅토리아 여왕 이름을 따서 '빅토리아 폭포'라고 명명하였으나, 최근 다시 '모시오아툰야'라고 바꿔 부르고 있습니다. 기억해야 할 사실은, 빅토리아 폭포와 빅토리아호 사이에는 아무런 관련이 없다는 것입니다. 다만 J.H.스피크와 리빙스턴이 자신들의 여왕 이름을 기리기 위해 붙였다는 공통점만 있습니다.

콩고강

유역면적 약 369만km²에 길이가 4,370km에 달하는 거대한 콩고강은 예전에 '자이르강'이라고 불렀습니다. 중앙아프리카의 젖줄 역할을 하는 강으로 향후 방대한 수력 발전의 원천이 될 것이라고 합니다.

에티오피아고원

'아프리카의 지붕'이라고 불릴 만큼 아프리카 전역에서 가장 높은 지대에 속합니다. 평균 해발고도가 2,000m가 넘으며, 에티오피아 지역 서부 대부분을 차지하고 있지요. 이곳은 에티오피아 늑대, 표범, 점박이 하이에나, 아프리카 표범 등 야생 동물 서식지이기도 합니다.

아틀라스산맥

아프리카 북서부에서 동서로 뻗은 산맥으로, 길이가 약 2,000km에 달합니다. 모로코, 알제리, 튀니지 같은 지중해 연안 지역을 사하라 사막과 나누는 역할을 합니다.

칼라하리 사막

아프리카 남부에 있는 칼라하리 사막은 면적이 70만km²인데, 주변까지 하면 100만km²가 훨씬 넘는 거대한 지역입니다. 남아프리카 지역에 주요한 자연환경이지요.

탕가니카호

3만 3천km² 면적에 길이가 720km에 달하는 탕가니카호는 빅토리아호 서남부에 위치하며 콩고강으로 흘러 들어갑니다. 탕가니카호는 탄자니아, 부룬디, 자이르, 잠비아가 분할 소유하고 있을 만큼 국제적으로 주요한 곳입니다.

나이저강

길이가 약 4,200km에 달하는 거대한 강입니다. 예전에는 '니제르강'이라고 부른 이 거대한 강은 나이지리아와 니제르, 두 나라 이름이 이 강에서 나왔다는 사실만 보더라도 서아프리카 주변에 큰 영향을 미쳤음을 알 수 있습니다.

아프리카 지역 구분

아프리카 대륙은 주요한 자연환경을
경계로 크게 북아프리카, 서아프리카,
중앙아프리카, 동아프리카, 남아프리카로
나뉩니다. 각 지역은 거주하는 인종, 종교, 언어,
나아가 역사 또한 다르지요.

북아프리카

나일강 유역과 마그레브라고 불리는 지중해 연안 지역으로 나눌 수 있습니다.
마그레브는 아랍어로 '서쪽'을 말하는데, 이는 '아랍의 서쪽'이라는 의미입니다.
아프리카에서 자연환경이 가장 좋은 곳입니다. 지중해를 끼고 있는 마그레브
지역은 날씨도 온화할 뿐 아니라 토양도 비옥하고 지리적으로도 유럽과 가까우며
서구 문명의 영향을 크게 받았습니다.

서아프리카

북아프리카에서 시작한 사하라 사막을 품고 있는 지역입니다.
유럽에서 출발한 배가 대서양을 통해 가장 먼저 접하는 지역이죠. 제국주의
침략이 가장 먼저 이루어졌고, 그 결과 노예 해안, 상아 해안, 곡물 해안 같은
침탈의 역사를 간직한 지명이 모두 이곳에 있습니다.

중앙아프리카

경제적으로 가장 낙후된 지역에 속합니다. 아프리카 면적의 20% 넘게 차지하는
데 반해, 인구는 13% 정도에 불과하죠. 그만큼 주거 환경이 좋지 않습니다.
서구 제국주의의 침탈로 큰 피해를 입었는데, 그 정도가 심했지요. 최근 들어
이 지역에 저장된 막대한 지하자원으로 인해 국제적으로 주목받고 있습니다.

동아프리카

인도양에 접하고 있으며, 인류가 처음 등장한 지역으로 알려져 있습니다.
역사적으로 아랍과 인도 등 서남아시아와 교류가 빈번했던 곳입니다.
그러나 이곳 역시 서유럽 침탈을 피하지는 못했습니다.

남아프리카

아프리카를 대표하는 나라 가운데 하나인 남아프리카 공화국과 명칭이
비슷하지요. 역사적·경제적으로도 남아프리카에 속하는 여러 나라들은
남아프리카 공화국과 밀접한 연관을 맺고 있습니다.
남아프리카 공화국은 아프리카 대륙에서 처음 유럽인이 세운 나라로,
지금도 유럽의 색채가 짙게 남아 있습니다. 주변 나라들 역시 남아프리카
공화국과 갈등을 겪으며 독립을 이루었으며, 오늘날에도 이 지역 여러 나라들은
깊은 연관을 맺고 있습니다.

아프리카 종교

아프리카 각국의 종교는 근대
이후 아프리카가 겪은 수난의 역사를
잘 보여 주고 있습니다.
아프리카 지역의 통계는 정확하지 않은 경우가
많습니다. 이 지도 역시 정확한 것은 아니지만
아프리카의 종교 분포를 개략적으로
보여 주는 자료라 할 수 있습니다.

아프리카 북부가 대부분 이슬람교 국가인 반면 중남부는 기독교가 다수를 차지합니다. 이러한 사실은 특정한 종교가 신의 뜻에 의해 전해온 것이 아니라, 그 지역에 들어온 이방인들이 소개하고, 전파한 것임을 잘 보여 주고 있습니다.

또 하나 기억해야 할 사실은, 오늘날 아프리카 대부분 지역에서는 토착 종교 대신 외래 종교를 믿고 있다는 것입니다.

반면에 토착 종교가 지배적인 나라는 고작해야 두세 나라일 뿐입니다. 그렇다고 해도 아프리카 대다수 나라에는 아직도 토착 종교를 믿는 주민이 상당수 남아 있는 것으로 알려져 있습니다.

인종에 대하여

우리는 아프리카, 하면 피부색이 검은 사람을 떠올립니다. 그리고 이들을
흑인 또는 유색인이라고 부르죠.

그런 시각을 가진 사람들은 대부분 아시아는 황인, 유럽과 북아메리카는
백인이 사는 지역으로 여깁니다.

그러나 생물학과 유전학이 발전하면서 이러한 인종 개념은 옳은 것이
아니라는 사실이 속속 드러나고 있습니다. 그리하여 인종으로 사람을
구분하는 방식은 더 이상 유효하지 않다는 의견이 지배적입니다.

과학의 발전은 '인종' 사이에 차이가 있고, 이러한 차이가 확대되어
'차별'로 이어지는 과거 인종에 대한 시각을 무너뜨리고 있습니다.

사람은 모두 같은 종이며 다만 유전자가 다를 뿐이라는 시각은,
사람을 피부색에 따라 달리 평가할 수 없다는 사실을 뜻합니다.

실제로 사람들을 구분하는 더욱 중요한 요소는 '사용하는 언어군'이라고
할 수 있습니다.

한 나라, 한 지역에 주류를 이루는 사람들을 '민족'이라고 부르는데,
같은 민족의 공통점은 얼굴색이나 모발색보다 같은 언어를 사용하느냐
아니냐에 따라 결정되는 경우가 흔합니다.

오늘날 남아메리카 여러 나라는 그 나라 인종이 누구인지 알 수 없는
경우가 대부분입니다. 유럽 역시 각 나라에 다양한 사람들이 들어와 살고
있습니다.

대한민국 역시 50년 전과 비교하면 상상할 수도 없이 다양한 모습의
사람들이 함께 살고 있죠. 피부색이 유난히 하얀 사람, 까만 사람이
뒤섞여 있지만 우리는 이들을 각기 다른 인종으로 나누지 않습니다.

그 대신 같은 지역에서 같은 언어를 사용하며 같은 문화를 공유하고 있는
'한민족'이라고 부릅니다.

이런 시대에 백인이니 흑인이니 황인이니 하는 구분이 과연 의미가
있는지 곰곰이 생각해 볼 일입니다.

아프리카 언어

아프리카에는 최소 3천 개가 넘는 언어가 있는 것으로 알려져 있습니다.

현재 아프리카에는 55개국이 있으니까 한 나라에 평균 50개 가까운

언어가 존재하는 셈입니다.

물론 대부분 언어는 문자가 없습니다.

이러한 현실은 세계가 아프리카를 어떻게 인식하는가에 큰 영향을

미쳤습니다.

그러나 아프리카 주민들 생각은 다릅니다.

아프리카인들에게는 고유의 언어, 문화, 민족을 바탕으로 형성된 국가라는

개념이 없었습니다. 부족 중심으로 자신들의 문화에 맞추어 삶을 영위해

나가고 있었던 거죠.

그런 세상에 유럽인들이 들어와 유럽 기준에 맞추어 살도록 하였던

것입니다.

이는 누군가에게는 문명의 축복이었겠지만 다른 누군가에게는

재앙이었습니다.

아프리카 언어 생활은
어떻게 이루어질까?

현재 아프리카 대륙에서
가장 널리 사용하는
공용어는 프랑스어입니다.
그 뒤를 영어, 아랍어가
따르고 있고요.
놀랍게도 수천 개에 이르는
아프리카 고유의 언어(각 나라, 지역마다 다르다)를
공용어로 사용하는 나라는 소수에 불과합니다.
이러한 사실은 아프리카 쟁탈전이 오늘날까지
미치는 영향력을 잘 나타내 주고 있습니다.

언어가 곧 권력이다

나이지리아 언어 지도

하우사어
폴라니어
카누리어
구와리어
누페어
요루바어
혼용
에도어
혼용
티브어
참바레코어
이보어
이지우어
이비비오어

아프리카에서 인구가 가장
많은 나라인 나이지리아의
공용어(Official language)는
영어입니다.
그러나 국내 공용어라고
할 수 있는 언어(National language)는
하우사어, 이보어, 요루바어 등이고,
그 외에 수십 개의 또 다른 언어가 존재합니다.
국내 공용어를 사용하는 비율을 보면 약 30% 주민이 하우사어를,
15% 주민이 요루바어를, 이보어 역시 15% 정도가 사용합니다. 그런데도
공용어는 영어지요.

그렇다면 영어는 누가 사용할까요?

사회의 지배 계층만이 영어를 사용합니다. 교육, 사업, 행정 용어 역시 영어입니다.

반면에 대다수 시민들은 자신들의 고유어를 사용하고 있죠.

따라서 특별한 계층, 즉 지배 계층을 제외하면 영어로 의사소통은 불가능합니다.

이렇게 나이지리아 사회가 유지된다면 둘 중 한 가지 방향으로 나아갈 것입니다.

첫 번째는 영어를 사용하는 계층이 영원히 나이지리아를 지배할 것입니다.

결국 영어를 사용하는 계층과 영어를 사용하지 않는 계층이 분리되어 제각기 자신들의 세계에서 독자적으로 살아갈 것이고, 그렇게 되면 나이지리아는 한 나라로 통합되기 힘들 것입니다.

두 번째는 나이지리아 시민 모두가 교육을 받아 영어를 사용하는
계층이 되는 것이지요. 그렇게 되면 나이지리아는 하나의 나라로 통합될
것입니다. 반면에 나이지리아 토착어들은 지구상에서 대부분 사라질지
모릅니다. 안타깝게도 이미 10개가 넘는 토착어가 사라졌습니다.

프랑코포니(La Francophonie)

왜 아프리카에서는 자신들을 침략한 나라 언어를 공용어로 사용할까요?
여러 가지 이유가 있겠지만 첫째는 국제 사회에서의 편의성을 꼽을 수
있습니다.
수십, 수백 개로 나뉘어 있을 뿐 아니라 한 나라 안에서도 통하지 않는
토착어로는 국제 사회와 교류하기 어려울 테니 말이죠.
또 어차피 한 나라 안에 두루 통하는 언어가 없으니, 하나의 언어를
공용어로 선택하는 것이 편리할 것입니다.
그렇다면 세계에서 많이 쓰는 언어를 공용어로 선정하면 낫지 않을까요?
경제적으로 보더라도 세계 각국과 교역하고 일자리를 찾기 위해서도
세계인들이 사용하는 공용어를 사용하는 편이 나을 것입니다.
이런 까닭에 아프리카 정부에서는 프랑스어나 영어 같은 국제적인 언어를
공용어로 채택하는 것입니다.

언어를 기준으로 형성된 최초이자 유일한 국제기구 '프랑코포니'가
있습니다.

프랑코포니는 '프랑스어가 가능해 식민통치에 이용할 수 있는 현지인'을
가리키는 '프랑코폰(francophones)'에서 유래한 단어입니다.

프랑코포니는 프랑스어를 모국어 또는 주요한 행정용 언어로 사용하는
나라들이 모였으며, 공식적으로는 '프랑스어권 국제기구'(Organization
internationale de la Francophonie, OIF,International Organization of La
Francophonie)라고 부릅니다.

프랑코포니는 당연히 과거에 프랑스 식민지였던 나라가 주를 이루고
있습니다. 그렇다고 모든 나라가 그런 것은 아닙니다.

현재 프랑코포니에 가입한 국가는 88개국(2021년 기준)이나 됩니다.

그 가운데는 프랑스 식민지를 경험한 나라가 가장 많지만, 예전부터
프랑스어를 사용하는 나라(벨기에, 캐나다 등)도 있으며, 프랑스어를
사용하지는 않지만 프랑코포니의 국제적 영향력을 인정하고 함께하고자
하는 나라들(아르메니아, 불가리아, 그리스, 이집트 등)도 다수 포함되어 있습니다.

반면에 최근까지 프랑스 식민지였고, 프랑스와도 밀접한 관계를 맺고 있는
알제리는 가입하지 않았습니다.

시리아 역시 가입하지 않았죠. 이들은 프랑스 영향력 아래 놓이는 것을
거부하고 있습니다.

프랑코포니는 언어 공동체에서 시작해 정치·경제적 관심사를 공유하고
국가 간 협력까지 지휘하는 국제기구로까지 확대된 것입니다.

이 사례만 보더라도 언어라는 것이 얼마나 중요한 요소인지 알 수
있습니다.

공용어의 딜레마

아프리카에서 오늘날 지배층 언어가 서양 언어인 나라들은 대부분 문화적
갈등을 품고 있습니다.

자신들의 영토를 점령했던 나라의 언어를 사용하느냐, 자신들의 정체성이
담긴 토착어를 사용하느냐 하는 문제에 대해서 많은 의견이 쏟아져
나오고 있습니다. 같은 나라 안에서도 말이지요.

한 나라 안에 수십, 수백 개의 언어가 사용되고 있는 현실을 어떻게
극복할 것인가 하는 문제는 한 나라의 미래를 고민하는 모든 사람에게
중요한 일이기 때문이죠.

치누아 아체베(1930-2013)
나이지리아 이보족 출신
2007년 부커상* 수상

웰레 소잉카(1934-)
나이지리아 요루바족 출신
1986년 아프리카 최초
노벨 문학상 수상

압둘라자크 구르나 (1948-)
현재 탄자니아인
잔지바르 섬 출생
2021년 노벨 문학상 수상

---

* 노벨 문학상, 프랑스의 공쿠르상과 함께 세계 3대 문학상의 하나.

아프리카를 대표하는 작가들입니다.

이 세 사람에게 공통점이 있다면 아프리카 사회, 문화를 주제로 한 다양한 작품을 영어로 썼다는 점입니다.

치누아 아체베는 《모든 것이 산산이 부서지다》라는 작품에 아프리카 토착어인 이보어를 자주 등장시키며, 이보어를 통해 이보족의 문화와 신화를 깊이 있게 보여 주었습니다. 이 작품은 전 세계 20여 개국에서 천만 부 이상 판매되었고, 아프리카 문화를 세계에 알리는 데 큰 기여를 했죠.

만일 이 세 사람이 작품을 토착어로 썼다면 과연 부커상을, 노벨 문학상을 수상할 수 있었을까요?

그리고 그러한 영광을 통해 자신들이 뿌리내리고 살아온 아프리카 문화를 세계에 알릴 수 있었을까요?

이런 문제를 돌아보면 아프리카 언어 문제의 해결책에 정답이라는 게 있을까, 하는 의문이 듭니다.

오늘날 인류는 세계화의 진전으로 문화적 통일성, 특히 언어적 통일성을 중시하게 되었습니다. 대한민국 시민도 전 세계 유명 구매 사이트에 접속해 그 나라 언어로 물건을 구입하는 일이 일상이 되었지요. 당연히 영어를 비롯한 주요 언어에 대한 의존도가 커지고 있고요. 다른 한편으로는, 세계화로 인해 소외되고 사라질지도 모르는 지역 문화를 보존하고 되살리려는 움직임도 적극 일어나고 있습니다.

수천 개에 달하는 아프리카 언어는 인류 모두의 자산입니다. 이 자산을 어떻게 보존하고 발전시켜 나아갈 것인가는 인류 모두의 노력에 달려 있을 것입니다. 분명한 것은 세계 각 지역의 문화와 언어, 종교를 중요한 것과 사소한 것으로 나눌 수는 없다는 사실입니다.

글 | 기획집단 MOIM

출판의 새로운 모색과 독자들과의 즐거운 소통을 위해 출판 기획자와 문文·사史·철哲 대중교양서 저술가, 번역가 등의 전문가들이 모인 기획집단입니다. MOIM은 우리말로 '교양을 갖춘 모든 사람을 모이게 한다', 영어로는 'Mozart's Imagination'의 줄임말로, 상상과 창의가 가득한 책을 내고자 하는 바람을 담고 있습니다. 그동안 펴낸 책으로 《사기열전 1, 2》《고사성어랑 일촌 맺기》《브레히트의 서푼짜리 오페라》《비글호에서 탄생한 종의 기원》《갈리아 전기》《갈릴레이의 생애》《한자의 신》《패스트 패션》 등이 있습니다.

그림 | 2da

화가, 일러스트레이터, 에세이스트. 2001년부터 홈페이지 이다넷(2daplay.net)을 아지트 삼아 활동해 오고 있습니다. 매일 반복되는 평범한 일상에서 포착해 낸 아이러니, 유머, 소소한 깨달음, 단상을 도발적이고 강렬한 화풍과 함께 풀어낸 그림일기 〈이다플레이〉로 많은 사랑을 받았습니다. 일상의 창작화, 창작의 일상화를 모토로 한 뉴스레터 〈일간 매일마감〉을 창간, 작가 겸 편집장을 맡았습니다. 그림으로 할 수 있는 모든 것을 해 볼 생각입니다. 그림 에세이 《이다의 허접질》《무삭제판 이다플레이》《걸스 토크: 사춘기라면서 정작 말해 주지 않는 것들》《기억나니? 세기말 키드 1999》, 여행 에세이 《이다의 작게 걷기》《내 손으로, 교토》 등을 쓰고 그렸습니다.